CROESEI

# Croeseiriau Cyflym

## Grace E. Griffiths

Darparwyd y croeseiriau hyn yn wreiddiol ar gyfer
*Y Llien Gwyn* – papur bro Abergwaun a'r cylch

*Agraffiad cyntaf—2002*

ISBN 1 84323 180 8

Dymuna'r cyhoeddwyr gydnabod cymorth
Adrannau Cyngor Llyfrau Cymru.

*Argraffwyd yng Nghymru*
*gan Wasg Gomer, Llandysul, Ceredigion SA44 4QL*

# CYNNWYS

# 1. CROESAIR IONAWR (1)

*Un llythyren yw dd, ll, rh.*

*Blwyddyn Newydd Dda i chi
Ac i bawb sydd yn y tŷ,
Dyma fy nymuniad i,
Blwyddyn Newydd Dda i chi.*

## AR DRAWS

1. 365 o ddyddiau (7)
5. Heb fod o'r blaen, fel y flwyddyn hon (5)
6. Dydd cyntaf blwyddyn, mis neu dymor.
Dydd _ _ _ _ _, _ _ _ _ _ Mai, _ _ _ _ _ gaeaf (5)
8. Dwli, ffwlbri – fel mewn pantomeim efallai (3)
9. Gair i adnabod rhywun. Gair i wybod beth yw rhywbeth (3)
11. Ar ôl (rhyw amser neu ddigwyddiad), oddi ar, am (2)
12. Diwedd dydd, nos, noswaith (5)
13. Sŵn isel aneglur, sôn, murmur (2)
14. Yn awr, y funud hon (4)
15. Hun (4)
16. Bara *a* dŵr, corff _ _ enaid (2)
18. Darlun; dydd cyntaf yr wythnos waith (3)
19. Gwneud yn agored, fel drws neu iet (4)
21. Llais dwfn yn y côr meibion (3)

## I LAWR

1. Tyfiant ar y croen i gadw'r gath yn gynnes (4)
2. Gallu i barhau neu oddef trwy amser caled (5)
3. Y mis cyntaf o'r flwyddyn (6)
4. Tôn, cainc (4)
6. Rhodd Dydd Calan (8)
7. Dŵr wedi caledu gan oerfel (3)
10. Gwreiddiau crwn (bylbiau) i'w bwyta. Mae ganddynt flas cryf a sawr sy'n dod â deigryn i'r llygad (5)
11. Plu gwyn yn disgyn o'r cymylau pan fo'r tywydd yn oer iawn (4)
13. Lle i gadw anifeiliaid i'w dangos i ymwelwyr (2)
15. Annwyl (2)
17. Cerdd. Darn o farddoniaeth i'w ganu (3)
18. Tyrfa, byddin (2)
19. Aelod Seneddol (2)
20. Eira (2)

# 2. CROESAIR IONAWR (2)

*Un llythyren yw dd, th, ll.*

AR DRAWS

1. Deuddeg mis (7)
4. Ionawr, Chwefror, Mawrth neu Ebrill (3)
5. Can mlynedd (6)
7. Wybren. Lle mae sêr, a'r lloer a'r haul (3)
9. Llaeth a dŵr (7)
12. Ionawr 12fed. Bydd pobl Cwm Gwaun yn dathlu dechrau'r flwyddyn ar y dyddiad hwn. Collwyd 11 o ddyddiau wrth fabwysiadu calendr y Pab Gregori (1582) ym Mhrydain yn y flwyddyn 1752 (3,5)
14. Ehangder mawr o ddŵr hallt. Lle mae 10 (I LAWR) yn byw (3)
15. *Tra bo dŵr y môr - - hallt,*
    *A thra bo 'ngwallt - - tyfu,*
    *A thra bo calon dan fy mron,*
    *Mi fydda' i'n ffyddlon i ti.*
    (Cân Serch: 'Bugeilio'r Gwenith Gwyn') (2)
16. Y dyn pwysicaf mewn stori, nofel neu ffilm (4)

17. Wedi ei gorddi o hufen i'w daenu ar y bara (6)
18. Gwneud addewid (3)

I LAWR

1. Bob dydd, o ddydd i ddydd. Parhaus. 'Byth a - - - - - -' (dywediad) (6)
2. Saith o ddyddiau!? (6)
3. Enw merch. Enw ffynnon yn Nhyddewi (3)
4. Hyd a lled rhywbeth (5)
6. Difyrrwch. Rhywbeth i'w fwynhau fel cyngerdd (9)
8. Aderyn mawr du. Mae'n hoffi mynd i'r simnai (4)
10. Penwaig. Pysgod Abergwaun (6)
11. Sir ac Ynys yn y gogledd lle'r oedd Dwynwen, Santes y Cariadon yn byw. Dydd y Santes yw Ionawr 25 (3)
13. Agoriad i agor clo'r drws (5)
14. Rhif diderfyn (4)

# 3. CROESAIR CHWEFROR

*Un llythyren yw ch, ff, th.*

## AR DRAWS
1. Yr ail fis o'r flwyddyn (7)
4. Byr o faint. Y mis _ _ _ (3)
6. Ffin, ochr, terfyn, glan (afon) (4)
7. Enw merch (4)
10. Rhod, tröell. Mae dwy ar feic modur a phedair ar gar (5)
11. Awyr iach. Etifedd (3)
12. Ffrind gorau dyn, _ _ defaid, sbaniel (2)
13. Cig (5)
16. Cerbyd, cert, modur (3)
17. Nawdd sant y cariadon (6)
18. Carnedd, pentwr, twmpath. _ _ _ las (Enw ffarm ger Carnhedryn) (4)

## I LAWR
1. Symud fel y gwynt (5)
2. Adar ysglyfaethus; mwy nag un 'Brenin yr Adar' (6)
3. Y math o dymheredd i'w ddisgwyl ym mis Chwefror. Dywedodd Buchan amdano (3)

O 'Bugeilio'r Gwenith Gwyn' (Cân Serch)

*Tra bo dŵr y môr yn hallt,*
*    A thra bo 'ngwallt yn tyfu,*
*A thra bo calon dan fy mron,*
*    Mi fydda'n ffyddlon iti;*
*Dywed imi'r gwir heb gêl,*
*    A rho dan sêl d'atebion,*
*P'un ai myfi ai arall, Ann,*
*    Sydd orau gan dy galon?*

Wil Hopcyn

4. Eirlysiau, saffrwn, cennin Pedr (6)
5. Merch i'r un rhieni (5)
8. Santes y cariadon (7)
9. Hoffus, cu (6)
12. Gwaith celfydd neu gywrain, gwaith llaw (5)
14. Creadur amffibiaidd melyn neu wyrdd yn neidio fel llyffant (5)
15. Corlan defaid. - - - - y Brenin (enw lle) (4)
16. Hoffi yn fawr iawn (4)

# 4. CROESAIR MAWRTH (1)

*Un llythyren yw ll, th, ch, rh.*

## AR DRAWS

1. Enw'r dyffryn lle'r oedd mynachdy Dewi Sant yn y chweched ganrif (4,5)
6. Non, Dewi, Mynyw, Tyddewi neu Aeddan (3)
7. Defnyddiwn y llygaid at hyn (5)
9. Tymheredd gwynt o'r gogledd (3)
10. Anifail i helpu ffermwr gyda'r defaid (2)
11. Gwaith athro a disgybl (5)
13. Gwers, darlleniad yn yr eglwys, ysgrif (3)
14. Sŵn o'r genau i siarad neu ganu (4)
16. Adar ysglyfaethus. Brenhinoedd yr adar (6)
18. Adeilad (2)
19. Pryfed sy'n casglu neithdar i wneud mêl – yn enwog am eu dygnwch (diwydrwydd) (6)
20. Porth. Lle i fynd i mewn i adeilad (4)
22. Cysgu (4)
23. Diwydrwydd, dyfalbarhad. Roedd mynachod Dewi Sant yn enwog am hwn, fel 19 (AR DRAWS) (6)

## I LAWR

1. Gwatwar. Dyma ateb Bwya i Dewi Sant (5)
2. Un yn llai na deg (3)
3. Prifddinas Norwy (4)
4. Yr awyr, paradwys (3)
5. Tasg, gorchwyl, llafur. Yr oedd hwn yn bwysig i'r mynachod (5)
8. Dirnad. Cael gafael ar ystyr wrth ddarllen a gwrando (4)
10. Blwch mawr, coffr (4)
12. Ceisio clywed, dal sylw (7)
13. Llif, dilyw, llanw (2)
15. Troi'r tir gydag aradr (6)
16. Pysgodyn yn yr afon a'r môr (3)
17. Gŵr, mynach (3)
21. Cwdyn mawr o ddefnydd garw i gario coed tân neu'r cnwd fel ceirch a llafur (ŷd) (3)

# 5. CROESAIR MAWRTH (2)

Pregeth olaf Dewi Sant:

*Frodyr a chwiorydd, byddwch lawen,*
*Cedwch y ffyrdd, a gwnewch y pethau bychain*
*A welsoch ac a glywsoch gennyf fi,*
*A cherddaf innau y ffordd a aeth ein tadau.*

Saunders Lewis

*Un llythyren yw th, ll, ch, dd.*

AR DRAWS
1. Siarad yn gyhoeddus ar destun crefyddol, fel y Seintiau Celtaidd yn y chweched ganrif (7)
3. Dydd o'r wythnos (3)
5. Enw nawdd sant Cymru (4)
6. Gweddi'r Arglwydd, gweddi (5)
7. Corgi, sbaniel (2)
10. Un sy'n trin y tir i dyfu blodau, ffrwythau a llysiau (6)
12. Anifeiliaid â blew hir gyda barf a chyrn. Gallwch eu godro (5)
13. Negesydd, cenhadwr (6)
15. Darlun; dydd o'r wythnos (3)
16. Alun, Cleddau, Gwaun, Teifi (4)
17. Dysg, gwybodaeth, hyfforddiant, dysgeidiaeth. Canolfan felly oedd Tyddewi a'r llannau cynnar (5)
20. Badau (5)
21. Diod Dewi Sant (3)

I LAWR
1. Nawdd sant Iwerddon (6)
2. Mesur o dir, acer (3)
3. Gwlad Geltaidd (7)
4. 1 (2)
6. Mae aderyn yn trin ei fwyd â hwn (3)
8. Troi tir ag aradr (6)
9. Torri coed â llif (5)
11. Llinynnau ffrwyn ceffyl (6)
13. Annwyl (2)
14. Bachgen ifanc (4)
18. Heb sŵn o gwbl, fel yn 'heb na _ _ _ na miw' (3)
19. Llafur (gwenith, haidd, ceirch) (2)

# 6. CROESAIR MAWRTH (3)

*Un llythyren yw ch, ff, th.*

AR DRAWS

1. Y tymor ar ôl y gaeaf (7)
5. Mab; Dafydd _ _ Gwilym
   (Bardd o'r bedwaredd ganrif
   ar ddeg) (2)
7. Gŵyl yr Atgyfodiad. Y _ _ _ _ (4)
8. Afon fechan (4)
10. Tarddiad dŵr, pydew (6)
12. Dewi, Teilo, Padarn neu Illtud.
    Cofiwn am un ar Fawrth
    y cyntaf (4)
14. Offeryn miniog i gloddio a
    garddio. _ _ _ _ a rhaw (4)
16. Cae yn Sir Benfro, ond mae'r
    _ _ _ _ Cenedlaethol ar hyd
    glannau Sir Benfro (4)
18. Cyfnewidiad mawr. Tro
    cyflawn (7)
20. Marc, nod. Dilynol, ar _ _ (2)
21. 'Ni' yw chi a _ _ (2)
23. Gwneud rhywbeth ar achlysur
    arbennig fel Mawrth y Cyntaf,
    y Pasg, neu ben-blwydd (5)
24. Cân i foli Duw (4)

Yr Anthem Genedlaethol

*Mae hen wlad fy nhadau yn annwyl i mi,*
*Gwlad beirdd a chantorion, enwogion o fri;*
*Ei gwrol ryfelwyr, gwladgarwyr tra mad,*
*Dros ryddid collasant eu gwaed.*

Evan James

I LAWR

1. Rhwng Dydd Mawrth Ynyd a'r
   Pasg. Y _ _ _ _ _ _ (6)
2. Arall, gwahanol (5)
3. Defaid ifainc (3)
4. Enw mam Dewi Sant (3)
6. Enw cartref un o emynwyr
   mwyaf Cymru, William
   Williams (1717–1791) (4,1,5)
9. Un rhan o dair, y drydedd ran,
   ⅓ (6)
11. Rhywun; dim un. Teitl cyfrol
    hunangofiant R. S. Thomas (3)
13. Eisiau yfed dŵr.
    Newyn a _ _ _ _ _ (5)
15. Cyntaf, _ _ _, trydydd (3)
17. Y gallu i gadw yn y meddwl, ac
    i alw yn ôl i'r meddwl (3)
19. 1 + 1 = (3)
22. Ai melyn yw lliw'r cennin
    Pedr? (2)

# 7. CROESAIR EBRILL

*Un llythyren yw ff, ll, rh, dd, th.*

AR DRAWS

1. Y tymor hwn o'r flwyddyn (7)
5. Gwasgaru had ar y tir (3)
7. Metel gwyn gwerthfawr. 5c, 10c, 20c, 50c (5)
8. Llysiau o liw oren sy'n tyfu yn yr ardd (5)
10. Tir i dyfu blodau, llysiau, ffrwythau a phlanhigion eraill (4)
11. Corff o swyddogion y Llywodraeth i gadw trefn a heddwch ac i ddal y bobl sy'n torri'r gyfraith (5)
12. Cynnig fel rhodd, dodi (3)
14. Egin (6)
16. Metel caled iawn, tebyg i haearn (3)
17. Had planhigyn yn yr ardd yn debyg i'r pys (2)
19. Tâl i wneud iawn am golled (7)
22. Un ac un.
    'Cariad pur sydd fel y dur
    Yn para tra bo _ _ _' (3)
23. Glaw yn disgyn yn drwm am amser byr (5)

*Daw Ebrill yn ei dro,*
   *A chydag ef fe ddaw*
*Disymwth wenau haul*
   *A sydyn gawod law;*
*Fel cyfnewidiog ferch*
   *Neu ddyn o deimlad gwan,*
*Galara'r awyr las*
*A gwena yn y fan.*

John Ceiriog Hughes (1832–87)

I LAWR

1. Heb fod â baw arno, pur, prydferth (4)
2. Creadur; ceffyl, buwch, dafad, mochyn (7)
3. Defaid ifainc (3)
4. Diffyg, bai, gwendid (3)
6. Mwy nag un sawr (7)
9. Caib, pâl, fforch, rhaw a rhaca (4)
10. Dymuniad, disgwyliad. 'Ffydd, _ _ _ _ _ _, cariad' (6)
13. Lliw'r parddu (2)
15. Clefyd ofnadwy yr anifeiliaid, clwyf y traed a'r _ _ _ _ _ (5)
18. Marc, nod (2)
20. Olwyn, tröell, cylch (3)
21. Datganiad o'r gwirionedd, fel mewn llys barn. Rheg (2)

# 8. Croesair Mai

*Un llythyren yw dd, ll, th.*

## Ar Draws

1. Enw'r pumed mis o'r flwyddyn (3)
3. Colomen, y gog, crychydd, mwyalchen neu ydfran (6)
6. Enw coeden; bydd mes yn tyfu arni (6)
7. Gwelwch hwn yn codi o ddŵr sy'n berwi (4)
9. Coeden â rhisgl gwyn llyfn a phren caled. _ _ _ _ _ _ arian. (6)
10. Epil y fuwch (2)
11. Sialens (3)
12. Heb un arall yn gwmni, ar ei ben ei hun, wrtho'i hunan (4)
15. Copa, crib, top (4)
16. Anifail bach â blew fel melfed sy'n byw dan y ddaear ac yn codi'r pridd (4)
17. Corn gwddf, lle mae'r bwyd yn mynd i lawr o'r geg (4)
19. Tawel, hynaws, bodlon, llonydd (5)
20. Gwrych, llwyn (4)

'Clychau'r Gog'

*Dan goed y goriwaered*
*Yn nwfn ystlysau'r glog,*
*Ar ddôl a chlawdd a llechwedd*
*Ond llechwedd lom yr og*
*Y tyf y blodau gleision*
*A dyf yn sŵn y gog.*

R. Williams Parry

## I Lawr

1. Ymlusgiad bach tua 6 modfedd o hyd, yn debyg i grocodil! (6)
2. Eiddew, planhigyn bythwyrdd sy'n dringo ar goed (5)
3. Ymateb i gwestiwn (4)
4. Pren sydd â blodau gwynion a grawn duon. Mae'r gwin ohonynt yn flasus (7)
5. Aderyn mawr du sy'n crawcian (4)
8. Glengettie, P.G. tips (2)
9. Amffibiad gwyrdd neu felyn sy'n crawcian. Mae'r Ffrancod yn hoffi bwyta ei goesau (5)
11. Prydferth, pert (4)
13. Cân y gog (4)
14. Offeryn i lyfnu tir wedi ei droi (4)
15. Mochyn gwryw (4)
18. Mab i fab neu ferch (3)

# 9. CROESAIR MEHEFIN (1)

*Un llythyren yw ch, dd, ff, ll, rh, th.*

## AR DRAWS

1, 6. Digwyddiad gwleidyddol ar Fehefin y seithfed yn y flwyddyn 2001 (7,10)

5. Corgi (2)

8. Enw'r dyn cyntaf (3)

9. Ffald, lle i gadw defaid ac ŵyn (6)

11. Mab i fab neu ferch (3)

13. Sŵn, twrw (4)

14. Adeilad gan aderyn (3)

16. Afonig, afon fechan (4)

18. Gellyg. Melys, blasus, sawrus (3)

19. Menyw. Gŵr a gwraig, Dyn a - - - - - (5)

20. Un ohonoch chi (2)

21. Caredig, hynaws (6)

## I LAWR

1. Metel brown, cymysgedd o gopr a thun. Medal y 3ydd safle mewn cystadleuaeth (4)

2. Ystlys, tu, ymyl (3)

3. Rhoi'r gorau i, rhoi i mewn i'r blaid arall fel ar ddiwedd etholiad (5)

4. Fel dyn, yn meddu ar nodweddion y ddynoliaeth (5)

O 'Pwllderi'

*Ond fe wedith, falle, a'i laish yn crini,*
*Beth halodd e lawr dros y graig a'r drisi: . . .*
*. . . Ac fe wedith bŵer am Figel Mwyn*
*A gollodd 'i fowyd i safio'r ŵyn;*
*A thina'r meddilie sy'n dŵad i chi*
*Pan foch chi'n ishte uwchben Pwllderi.*

Dewi Emrys, yn nhafodiaith Sir Benfro

5. Cyfyng, heb fod yn llydan, tenau. Rhagfarnllyd (3)

6. Modrwyau wedi eu cysylltu yn gwneud un darn (6)

7. Cymwynas, caredigrwydd (4)

9. Twym, gwresog, fel tymheredd haf (6)

10. Llethr, rhiw (ar ffordd). Coedwig (3)

12. Tywys, blaenori, fel gwaith prif weinidog (6)

13. Heol mewn tref (5)

15. Tir â dŵr o'i amgylch (4)

17. - - lan y môr mae rhosys cochion, - - lan y môr mae lilis gwynion, - - lan y môr mae 'nghariad inne Yn cysgu'r nos a chodi'r bore. (Hen bennill) (2)

18. Y rhan uchaf o'r corff, copa, ceg, blaen, diwedd. Prif (3)

20. Peth sydd dros ben adeilad. Cenhedlaeth (2)

# 10. CROESAIR MEHEFIN (2)

*Un llythyren yw ch, dd, ll, th.*

AR DRAWS

1. Yr hyn sy'n mynd trwy'r meddwl yn ystod cwsg. Gweledigaeth, fel oedd gan Martin Luther King (8)
5. '_ _ lan y môr, mae rhosys cochion' (2)
6. Huno (5)
7. Chwedl, hanes, dameg, celwydd (5)
9. Aderyn y to, alarch, boncath, brân goesgoch, bronfraith, cyffylog (4)
10. Genau afon; e.e. _ _ _ _ gwaun (4)
11. Rhiant gwrywaidd (3)
12. Gŵr (3)
15. Pennaeth ar fynachlog (4)
16. Prydferth, hardd, pert (4)
17. Colli nerth ar ôl cerdded neu weithio. Gofidio (5)
19. Carreg i'w defnyddio ar y to fel yn y Penrhyn (Gwynedd) ac Abereiddi (5)

I LAWR

1. Bara, cig, pysgod, ffrwythau, teisen (4)
2. Gwisg o ledr etc. i'r droed, sandal, dap (5)
3. Llecyn gwastad, gwaelod dyffryn
   *'Mae dail y coed yn _ _ _ _ _ _ Fflur*
   *Yn murmur yn yr awel,*

Tafodiaith

*Cewch yno ryw filodd o dderinod –*
  *Gwilanod, cirillod a chornicillod;*
*Ac mor ombeidus o fowr yw'r creige*
  *A'r hen drwyn hagar lle ma nhw'n heide,*
*Fe allech wrio taw clêrs sy'n hedfan*
  *Yn ddifal o bwti rhyw hen garan;*
*A gallech dingi o'r gribin uwchben*
  *Taw giar fach yr haf yw'r wylan wen.*

O 'Pwllderi' (Dewi Emrys)

  *A deuddeng Abad yn y gro*
  *Yn huno yno'n dawel'* (6)
  (T. Gwynn Jones)

4. Un, dau, _ _ _, pedwar (3)
5. Defnyddio, cyfarwyddo, ymarfer (5)
8. Mynd o le i le, troi oddi ar y ffordd iawn, mynd o gwmpas yn ddiamcan, mynd fel 'Sipsiwn' (Eifion Wyn)
   *'_ _ _ _ _ _ _ am oes lle y mynno ei hun*
   *A marw lle mynno Duw'* (7)
9. Gweddillion adeilad (6)
11. Siwrnai, e.e. mynd o Abergwaun i Gaerdydd (4)
12. Daioni, heb fod yn ddrwg (2)
13. Aderyn y dŵr, gwyn, ar yr afon neu'r llyn (5)
14. Symud i fyny, codi, dringo (5)
18. Ffres, gwyrdd, yn llawn sudd (2)

# 11. CROESAIR AWST

*Un llythyren yw ch, dd, ll, ng.*

AR DRAWS

1. Seibiant oddi wrth waith, oriau rhydd, hoe (6)
4. Diwrnod dathlu, fel Mawrth y Cyntaf, Y Pasg, Nadolig (4)
6. Llyncu dŵr neu ddiod arall (4)
7. Blodyn prydferth. _ _ _ _'r dŵr, _ _ _ _'r dyffrynnoedd, _ _ _ _ wen fach (4)
8. Buwch neu darw bach (2)
9. Creadur ystyfnig weithiau, ond yn cario plant ar ambell draeth (4)
12. Ateb negyddol (2)
14. Symudiad coes wrth gerdded (3)
17. Gwefr, cyffro, teimlad cynhyrfus (3)
18. Rhodio, teithio ar draed (6)
20. Dyn, dyn priod (3)
21. Twll dan y ddaear, neu yn y graig (4)
22. Â blas cas, bustlaidd (5)

*Castell o dywod, a ffos yn ei waelod,*
*A'i faner yn chwifio'n y gwynt,*
*A chlawdd i'w amddiffyn*
*O wymon a chregyn*
*I atal y llanw, a hynt*
*Holl lengoedd y gelyn, wnaeth Guto benfelyn,*
*A Gwenno o Dyddyn-y-gwynt.*

(o "Guto Benfelyn" gan I. D. Hooson)

I LAWR

1. Mwynhad; cynfas ar long bleser (4)
2. Anifail y môr sy'n nofio ar hyd y glannau (5)
3. Symud trwy'r dŵr fel pysgodyn (5)
4. Un o adar y môr; bydd e'n dilyn yr aradr, ac yn cadw sŵn ar ben to'r tŷ cyn ystorm (6)
5. Y peth a geir wrth gorddi hufen. Mae e'n flasus ar dafell o fara (6)
8. Rhydd, llaes. Gwisgwn ddillad felly ar dywydd twym (3)
10. Llam, ysbonc (4)
11. Esgyn, mynd i fyny o gam i gam ar ysgol neu ar graig (5)
13. Gochel, gwylio rhag rhywbeth (5)
15. Yna, draw (3)
16. Geneth, rhoces (4)
19. Wedi deffro, ar ddihun (4)
23. Cynnyrch yr iâr. Bwyd i frecwast neu mewn brechdanau (2)

# 12. CROESAIR MEDI (1)

*Un llythyren yw ch, dd, ll, ff.*

AR DRAWS

1. Torri ŷd (llafur).
   Y nawfed mis o'r flwyddyn (4)
3. Ffrwythau ar y coed yn y
   berllan (6)
6. Gwenith, haidd, ceirch,
   barlys (2)
7. Metel melyn gwerthfawr (3)
8. Aderyn mawr dof: bydd rhai yn
   ei fwyta adeg y Nadolig (4)
10. Cnydau a ffrwythau i'w casglu
    ar ddiwedd yr haf (8)
12. _ _ _, heddiw, yfory (3)
15. Llinach, tras, cofrestr
    hynafiaid (2)
16. Cyfnodau, amserau (5)
17. Llecyn, man, mangre (2)
18. Dyfod yn ôl (6)
19. Mynd o dan dŵr i'r gwaelod (4)
22. Cenadwri (5)

I LAWR

1. Ffrwythau gwyllt yn tyfu ar y
   mieri (5,4)
2. Heb fod yn hen (5)

*Rhed y ffrwd garedig eto*
*Gyda thalcen noeth y tŷ,*
*Ond ddaw neb i'r fâl â'i farlys,*
*A'r hen olwyn fawr ni thry;*
*Lle dôi gwenith gwyn Llanrhian*
*Derfyn haf yn llwythi cras,*
*Ni cheir mwy ond tres o wymon*
*Gydag ambell frwynen las.*

(O 'Melin Trefin' gan Crwys)

3. Ffrwythau, grawn. Enw afon
   yng Ngheredigion (5)
4. Nod gwasg. Cael dylanwad ar
   rywun. (Creu _ _ _ _ _ _) (6)
5. _ _ _ Gobaith Cymru.
   Cymdeithas, cwmni, gradd (3)
9. Mynd ymaith, gadael (7)
11. Mudo, mynd i fyw i wlad
    arall (6)
13. Aderyn sy'n enwog am ei gân
    swynol. Aderyn prin yn canu
    gyda'r nos (3)
14. Mae'r pysgotwr yn defnyddio
    hwn ar ei wialen bysgota i ddal
    pysgod yn yr afon (5)
17. Gwan, eiddil, gwanllyd (4)
20. _ _, dau, tri, pedwar, pump (2)
21. Heb _ _ nac onibai.
    (Heb amheuaeth; yn sicr) (2)

# 13. CROESAIR MEDI (2)

*Os yw blodau cyntaf haf*
*Wedi caead yn y dolydd,*
*Onid blodau eraill sydd*
*Eto 'nghadw ar y mynydd?*

(O 'Medi' gan Eifion Wyn)

*Un llythyren yw th, dd, ll.*

## AR DRAWS

1. Sefydliad ac adeilad ar gyfer dysgu plant (5)
2. Enw'r mis hwn, adeg torri llafur (4)
4. Nifer o ddisgyblion gyda'i gilydd (7)
5. Teimlad, tymheredd, natur. Mae hwn yn newid fel mae'r hydref yn nesáu (4)
6. Coed. Defnydd i wneud drws, bord, llawr (4)
8. Claear, fel dŵr twym wedi oeri tipyn (6)
11. Mafon duon yn tyfu yn wyllt (5)
12. Bwyd a wneir wrth ferwi cig a llysiau. Cymysgfa (4)
13. Lle agored mewn tref neu bentref. Petryal â phedair ochr o'r un hyd (5)
14. Huddygl. Llwch du o simnai (5)

## I LAWR

1. Y Deall. Y rhan o'r pen sy'n rhoi'r gallu i feddwl (7)
2. Eich plentyn gwryw (3)
3. Deall geiriau ar lyfr neu bapur. Llefaru geiriau wedi eu hysgrifennu neu eu hargraffu (6)
4. Gwaith athro neu ddisgybl (5)
6. Dolur, artaith (4)
7. Ffrwythau cyffredin mewn perllan (6)
8. Un o'r dwylo (3)
9. Toriad dydd (5)
10. Dyn anferth. Goleiath (4)
11. Arwydd o dân yn llosgi. Cwmwl sy'n codi o rywbeth sy'n llosgi (3)

# 14. Croesair Hydref (1)

*Rhoddwyd to o rudd tywyll*
*Ag aur coch hyd frigau'r cyll;*
*Mae huling caerog melyn*
*Wedi'i gau am fedw ac ynn,*
*A'r dail oll fel euraid len*
*Ar ddyrys geinciau'r dderwen.*

(o 'Hydref' gan T. Gwynn Jones)

*Un llythyren yw dd, ff, th.*

AR DRAWS

1. Lliw llachar golau, lliw aur, a lliw canol wy (5)
3. Lliw'r awyr ar dywydd teg (4)
5. Tir uchel, bryn uchel iawn (5)
6. Afon fechan, ffrwd (4)
8. Anifail gwryw ymhlith y ceirw. 'Fel y brefa yr _ _ _ am yr afonydd dyfroedd, . . .' (Salm 42) (3)
9. Anifail mawr gwryw ymhlith y gwartheg (4)
11. Lliw'r grug sy'n tyfu ar 5 (AR DRAWS) (6)
15. Yn llawn sudd, ffres (2)
16. Lluniaeth, bwyd sy'n gwneud lles i'r corff (4)
17. Adeilad mawr i bobl ymgynnull ynddo (5)
18. Plisg grawn llafur (2)
19. Cewch hwn wrth wasgu oren (3)

I LAWR

1. Tir gwlyb yn cynnwys mawn (6)
2. Tir lle mae porfa'n tyfu ger y tŷ (5)
3. Lliw 2 (I LAWR) (5)
4. Creadur ystyfnig sy'n cael ei ystyried yn ffôl (4)
7. Afalau, eirin gwlanog, mafon, eirin, ffigys, orennau (7)
8. Caru, ymserchu (4)
10. Llenwi a gwacáu ysgyfaint ag awyr i gadw'n fyw (6)
12. Ffrwyth, a lliw arbennig (4)
13. Offeryn cerdd mewn eglwys a chapel (5)
14. Defnyddio edafedd a gweill i wneud dilledyn (4)

# 15. CROESAIR HYDREF (2)

*Gwynt yr hydref ruai neithiwr,*
*    Crynai'r dref i'w sail,*
*Ac mae'r henwr wrthi'n fore'n*
*    'Sgubo'r dail.*

(O 'Dysgub y Dail', gan Crwys)

*Un llythyren yw ch, dd, th.*

## AR DRAWS

1. Pobl sy'n creu terfysg (10)
5. Clod, moliant.
   'Ewch i mewn i'w byrth ef â
   diolch ac i'w gynteddau â _ _ _ _'
   (Salm 100) (4)
6. Dŵr yn disgyn o'r cymylau (4)
8. Hedd, tawelwch, llonyddwch (5)
10. Offeryn i droi'r tir neu aredig (5)
11. Pryd bwyd mwyaf y dydd (5)
14. Enw gwraig Adda yng ngardd
    Eden (3)
16. Hwlffordd, Penfro, neu
    Abergwaun (4)
17. Ffrwyth melyn-goch o faint
    afal (4)
18. Gwisg aderyn (3)

## I LAWR

2. Cael lles, manteisio (4)
3. Brwydro, rhyfela (5)
4. Crio, llefain (4)
5. Busnes, marsiandïaeth,
   trafnidiaeth (6)
7. Saith dydd (6)
8. Y mis a'r tymor hwn (6)
9. Edrych am, ceisio dod o hyd i
   rywbeth neu rywun (6)
12. Tyfiant gwyrdd ar blanhigion.
    Bydd eu lliw yn newid ar y
    coed cyn iddynt ddisgyn i'r
    ddaear (4)
13. Un, dau, - - - (3)
15. Goleuadau bach yn disgleirio
    yn yr awyr yn y nos (3)

# 16. CROESAIR TACHWEDD (1)

*Un llythyren yw ch, dd, ff, ll.*

## AR DRAWS

1. Y mis du. Mis y lladdfa; hela a lladd anifeiliaid a halltu'r cig oedd yr arferiad gynt (6)
4. Cwmwl isel a glaw mân (4)
7. Stŵr, twrw (3)
9. Y pumed o'r mis hwn yw'r noson i gofio am y dyn hwn (4,4)
11. Ymlid, trin yn gas, gormesu (5)
12. Enw merch, Elen neu Elinor (4)
13. Un pen ond _ _ _ law sydd gennym (3)
15. Llysiau ar y plât cinio bob dydd (4)
17. Ag un pwrpas (6)
18. Mae pump ohonynt yn gwneud pump (2)
19. Amcangyfrif o dreuliau'r wlad am flwyddyn (7)
20. Lliw tywyll iawn (2)
21. Rhyfedd (2)
22. Defnyddir gyda saeth. Siâp yr enfys (3)

*Holl amrantau'r sêr ddywedant*
  *Ar hyd y nos.*
*Dyma'r ffordd i fro gogoniant,*
  *Ar hyd y nos.*

Dihareb:
*Yr awr dywyllaf yw'r un cyn y wawr.*

## I LAWR

1. Goleuadau a ffrwydradau i ddathlu (3,5)
2. Anwadal, di-ddal (4-4)
3. Anifail mawr (7)
5. Teimlad o gyffro, cynnwrf, gwefr, arswyd (3)
6. Tywysog olaf Cymru a fu farw yn y flwyddyn 1282, ger afon Irfon. Mae carreg goffa iddo yng Nghilmeri (7)
8. Offeryn bychan i wnïo dillad a brodwaith (6)
10. Llef, gwaedd, bloedd, wylofain (3)
13. Glaw, môr, llyn, afon (3)
14. Wedi ei ddodwy gan aderyn (2)
16. Anifail. Creadur hir-glust, ystyfnig (4)
17. Peth unigol (4)
18. Ubain, fel sŵn ci yn y nos (3)
20. Anifeiliaid sy'n cael eu lladd oherwydd BSE (2)

# 17. CROESAIR TACHWEDD (2)

*Un llythyren yw ff, dd, th.*

*Golau arall yw tywyllwch*
    *I arddangos gwir brydferthwch*
*Teulu'r nefoedd mewn tawelwch,*
    *Ar hyd y nos.*

(O 'Ar hyd y nos')

AR DRAWS

1. Y tymor oeraf a mwyaf tywyll o'r flwyddyn (5)
3. Tachwedd y _ _ _ _ _ yw noson tân gwyllt (5)
5. Crefu, deisyf, erfyn (5)
6. Bradychu, cynllwyno (5)
8. Modrwyau wedi cysylltu â'i gilydd i wneud un darn hir (6)
10. Yr oriau tywyll (3)
12. Glo, nwy, trydan, coed (6)
15. Naw namyn un. Enw ynys yn ne Lloegr (3)
16. Had planhigyn o'r ardd. Cewch rai pob mewn tun (2)
17. Hylif yn y tegell i wneud te (3)
19. Mae angen hwn i weld, a dau i weld yn iawn (5)
20. Canfod. Edrych ar rywbeth a'i ddeall (5)

I LAWR

1. Enw'r afon ger Abaty Tyndyrn (3)
2. Cas, garw, blin, erchyll (5)
3. Blodyn coch y cofio ar Dachwedd 11 (4)
4. Aderyn yr eira, aderyn y ddrycin. Mae llawer i'w gweld yn heidio o gwmpas ym mis Tachwedd (6)
7. Dychryn, braw, ofn mawr. Mae rhai pobl yn hoffi storïau a ffilmiau fel hyn (6)
8. Dyfais i oleuo yn y tywyllwch. Pabwyr â gwêr o'i gwmpas (6)
9. Dyn y Dilyw. Adeiladodd arch (3)
11. Union (3)
12. Llwm, anghenus, heb arian (5)
13. Tanwydd (3)
14. Tynged (4)
17. Llesol, cyfiawn. Y gwrthwyneb i ddrwg (2)
18. Mangre, llecyn (2)

# 18. Croesair Rhagfyr (1)

*Un llythyren yw dd, ff, ch, ll, ng.*

## Ar Draws

2. Gŵyl geni Crist (7)
7. Lle i aros dros nos. Nid oedd lle i Mair a Joseff yno (4)
8. Edrych yn graff, fel mam yn edrych ar wyneb ei baban, neu seryddwr yn edrych ar yr awyr (4)
9. Yn ymestyn ymhell, helaeth (3)
10. Defaid ifainc (3)
11. Y dyn cyntaf (3)
12. Cred, ymddiriedaeth (3)
16. Planhigyn yn tyfu ar goed eraill. Mae aeron gwyn arno. Caiff ei ddefnyddio i addurno (7)
18. Anrheg i'r baban Iesu (3)
19. Gwelodd y dynion doeth hon yn symud o'r dwyrain i'r gorllewin a'i dilyn hi i Fethlehem (5)
20. Gwneud yn un (3)
21. Joseff, Mair, Bethlehem; gair am berson neu le (3)

## I Lawr

1. Y mesur rhwng dau le (6)
3. Anifail yn cario Mair i Fethlehem (4)

Carol Nadolig (Hwiangerdd)

*Suai'r gwynt, suai'r gwynt,*
*Wrth fyned heibio i'r drws,*
*A Mair ar ei gwely gwair*
*Wyliai ei baban tlws;*
*Syllai yn ddwys yn ei wyneb llon,*
*Gwasgai Waredwr y byd at ei bron,*
*Canai ddiddanol gân:*
*'Cwsg, cwsg, f'anwylyd bach*
*Cwsg nes daw'r bore iach,*
*Cwsg, cwsg, cwsg.'*

Nantlais (1874–1959)

4. Coed bythwyrdd. Defnyddir ei ffrwythau i wneud olew (6)
5. Enw'r baban yn y preseb (4)
6. Tosturi (8)
10. Wedi eu dodwy i greu adar bach (4)
13. Coed bythwyrdd â dail pigog arnynt yn cael eu defnyddio i addurno (5)
14. Glân, diniwed, di-euog (3)
15. Gwneud sŵn cerddorol â'r llais fel yr angylion (4)
17. Anifeiliaid yn perthyn i'r fuwch. Dywed y bardd Thomas Hardy eu bod yn penlinio am ddeuddeg o'r gloch y noson cyn y Nadolig (4)

# 19. Croesair Rhagfyr (2)

Carol Nadolig

*Draw yn nhawelwch Bethlem dref*
  *Daeth Baban bach yn Geidwad byd;*
*Doethion a ddaeth i'w weled Ef,*
  *A chanodd angylion uwch ei grud:*
*Draw yn nhawelwch Bethlem dref*
  *Daeth Baban bach yn Geidwad byd.*

John Hughes, Dolgellau

*Un llythyren yw ll, th, ch, ng.*

## Ar Draws

1. Enw'r Fam Fendigaid (4)
4. Enw'r plentyn yn y preseb (4)
6. Lle i aros dros nos (4)
8. Call, craff, deallus, fel y dynion o'r dwyrain (4)
11. Llan, lle i addoli; cymdeithas o bobl yn cydaddoli (6)
12. Annwyl, hynaws, cariadus (2)
15. Un o'r goleuadau yn yr awyr yn y nos. Dilynodd y doethion un arbennig (5)
17. Brenin Jiwdea (5)
19. Llesol, buddiol.
20. Person sy'n gofalu am ddefaid (6)
21. Tarth, caddug (4)

## I Lawr

2. Cennad dwyfol (4)
3. Gŵyl y geni (7)
5. Y mwyaf uchel (4)
7. Anifeiliaid yn y beudy yn perthyn i deulu'r fuwch (4)
9. Un o anrhegion y doethion (3)
10. Bocs o flaen anifail i ddal ei fwyd. Crud y baban Iesu (6)
12. Mawl, canmoliaeth (4)
13. Sawr, persawr (5)
14. Coed bytholwyrdd â dail pigog. Defnyddir i addurno'r tŷ adeg y Nadolig (5)
16. Un o'r teulu. Mab i frawd neu chwaer (3)
18. Tyfiant gwyrdd ar blanhigion (4)

# 20. CROESAIR RHAGFYR (3)

*Un llythyren yw dd, th, ll.*

AR DRAWS
2. Gŵyl geni Crist (7)
7. Faint o sêr oedd y doethion yn eu dilyn? (2)
8. Un o anifeiliaid y beudy (2)
9. Tigris, Ewffrates neu'r Iorddonen (4)
11. Un peth neu berson unigol, grŵp neu ddogn sy'n cael ei ystyried fel rhywbeth unigol, e.e. teulu (4)
12. I fyny, uwchben (3)
14. Planhigyn pigog i addurno'r tŷ (5)
16. Enw mam y baban yn y preseb (4)
17. Anrheg un o'r dynion o'r dwyrain (3)
18. Y sêr-ddewiniaid neu'r dynion o'r dwyrain (7)
19. Ffrwythau coed cyll (un: collen) (4)
20. Parchu, anrhydeddu, plygu ger bron, ymgrymu (5)

*Gogoniant i'r goruchaf Dduw,*
*tangnefedd i'r holl fyd;*
*ewyllys da a fyddo rhan*
*y ddaear oll i gyd.*

W. Rhys Nicholas, 1914–96

I LAWR
1. Person sy'n gofalu ar ôl defaid (6)
3. Anifail sy'n llai na cheffyl ac sy'n cael ei ddefnyddio i gario person neu lwyth (4)
4. Parhaol, bythol, o oes i oes (5)
5. Enw'r baban yn y preseb (4)
6. Mae'r planhigyn mawr bytholwyrdd hwn yn addurno'r ystafell bob Nadolig gyda'r goleuadau a'r anrhegion (6)
10. Dychryn, braw, fel roedd ar y bugeiliaid (3)
13. Harddwch, prydferthwch pwrpasol (5)
14. Derbyniad cynnes gwresog (6)
15. Sgwrs, ymddiddan, siarad, chwedleua fel mewn parti (5)

# 21. CROESAIR GLANIAD Y FFRANCOD

Ar Chwefror 22, 1797, glaniodd milwyr o Ffrainc o dan arweiniad y Gwyddel, Cyrnol Tate, ar y Garreg Wastad, Pencaer. Aeth nifer ohonynt i mewn i'r ffermdai cyfagos ac yfed y cwrw. Saethodd un at y cloc mawr yn Brystgarn gan feddwl bod rhywun yn cuddio ynddo. Cawsant eu twyllo gan Jemima Nicholas a gwragedd Pencaer i feddwl bod byddin fawr gerllaw. Gwisgodd y menywod ddillad coch a gorymdeithio o amgylch y garn gerllaw gan godi braw ar y Ffrancod. Cyrhaeddodd y milwyr o dan arweiniad yr Arglwydd Cawdor ac ildiodd y Ffrancod ar y Parrog yn Wdig. Daeth y cyfan i ben yn y Royal Oak ar Sgwâr Abergwaun, lle'r arwyddwyd cytundeb i roi'r gorau i'r ymladd.

*Un llythyren yw ng, ll, ch, ff.*

AR DRAWS

1. Wedi dod o'r môr neu'r awyr i'r tir (7)
3. Ysgarlad. Lliw cotiau milwyr yr Arglwydd Cawdor a sioliau a chotiau gwragedd Pencaer (3)
6. Fforch fawr i godi gwair. Un o arfau'r gwragedd, efallai (7)
9. Anifeiliaid y fferm (2)
10. Gwyntog, tonnog, cwrs, bras (4)
11. Merch ddewr, y prif berson mewn stori, Jemima Nicholas (6)
12. Sawl twll gan ddryll sydd yn y cloc yn Brystgarn? (2)
13. Rhyfedd (2)
14 a 20. Y man lle glaniodd y Ffrancod ar Chwefror 22, 1797 (6,6)
15. Lliaws, tyrfa, byddin (2)
17. Arf i saethu ag ef (4)
21. Haearn bachog i sicrhau llong wrth waelod y môr (4)

I LAWR

1. Menywod (7)
2. Mab eich brawd neu chwaer (3)
4. Marc, nod (2)
5. Ofn mawr (4)
6. Y safle lle ildiodd y Ffrancod eu harfau (6)
7. Pobl o Ffrainc (7)
8. Ceffyl benywaidd. Aeth ffermwr Treleddyn ar gefn hon i Dyddewi i rybuddio'r bobl bod llongau'r Ffrancod wedi mynd heibio Penmaen Dewi i gyfeiriad Abergwaun (5)
9. Mae Ffrainc yn y cyfeiriad hwn (2)
15. Mae'n arferol i ysgwyd hon i ddangos cyfeillgarwch (3)
16. Clwyd, llidiart, gât (3)
18. Cwch mawr i gario dynion dros y dŵr (3)
19. Ehangder o ddŵr. Yr Iwerydd (3)

# 22. CROESAIR CANWR POBLOGAIDD

*Un llythyren yw ch, dd, ff, th.*

AR DRAWS

1. Dyn sydd yn caru ei wlad (10)
4. Oherwydd (2)
5. Rhywun poblogaidd gan lawer.
   Un sy'n cael ffafr (6)
7. Had planhigyn, fel pys, mewn gardd (2)
8. Lliw tywyll iawn (2)
9. Mwynhad. Sbort a sbri (4)
10. Modd i siarad. Cymraeg, Saesneg, Ffrangeg, etc. (4)
12. Yr haul yn disgyn dros y gorwel (6)
14. Y genau a'r gwefusau'n mynegi mwynhad ar wyneb.
    'Y _ _ _ _ na phyla amser' (Dafydd Iwan yn sôn am D. J. Williams, Abergwaun) (4)
16. Bod heb fwyd, fel yn Ethiopia a rhai o wledydd Affrica (5)
17. Lle i gadw'r rhai sy'n torri'r gyfraith (6)

I LAWR

2. Canwr poblogaidd gydag ieuenctid Cymru (ac eraill) ers 1962. Mae'n bleidiol dros hawliau dynol a hawliau'r Cymry i ddefnyddio'r

*Pan welaf bren y gorthrwm*
*Am wddf y bachgen tlawd,*
*Rwy'n gwybod bod rhaid i minnau*
*Sefyll dros fy mrawd.*

*Rwy'n gwybod beth yw rhyddid,*
*Rwy'n gwybod beth yw'r gwir,*
*Rwy'n gwybod beth yw cariad*
*At bobl ac at dir.*

O 'Pam fod eira'n wyn', gan Dafydd Iwan

iaith Gymraeg yn swyddogol ym mhob rhan o fywyd Cymru (5,4)
3. Prifddinas gwlad Chile. Carcharwyd a lladdwyd canwr ifanc yno am ganu caneuon protest pan oedd Pinochet yn rheoli'r wlad yn 1973 (8)
5. Gwirionedd (4)
6. Y dydd cyntaf o'r wythnos (3)
8. Peth sy'n ddyledus i rywun arall ar ôl benthyca (5)
9. Braint gyfreithlon (4)
   'Rwy'n frawd i ti, a thithau'n frawd i minnau,
   O pam na chaf i hefyd - - - - i fyw.' (D.I.)
11. Symud drws i fynd i mewn neu allan (4)
12. Sŵn oen bach! (2)
13. Gwneud yn un gyda'n gilydd.
    '_ _ _ _ yn y gân' (4)
15. Gwneud yn un (3)

# 23. Croesair Iechyd

*Pob cur a dolur drwy'r daith—a wellheir*
*Yn llaw'r meddyg perffaith;*
*Gwaed y groes a gwyd y graith*
*Na welir moni eilwaith.*

John Williams (Ioan Madog)

*Un llythyren yw ll, ch, dd.*

## Ar Draws

1. Adeilad i'r claf i gael triniaeth a gwella (6)
4. Un sy'n dioddef o salwch (4)
6. Meddyginiaeth, cyffur, ffisig (6)
8. Dwst, powdwr (3)
9. Gwlybaniaeth sy'n dod o'r tyllau bach yn y croen (4)
11. Haint. Poendod, fel locustiaid yn bwyta'r cnydau (3)
12. Adeilad (2)
13. Gogledd, _ _, dwyrain, gorllewin (2)
14. Naw ac un (3)
18. *Dau* fachgen a _ _ _ ferch (3)
19. Un o'r bobl sy'n byw ar ynys (6)
20. Gwrol (4)
21. Llenwi'r ysgyfaint ag awyr a'i adael allan (6)

## I Lawr

2. Cael pigiad i ddiogelu'r corff rhag haint (7)
3. Yn y lle hwnnw (3)
5. Salwch oherwydd oerni, etc. a'r trwyn yn rhedeg (6)
6. Un sy'n gofalu am iechyd pobl, ffisigwr, doctor (5)
7. Cyflwr da'r corff (4)
8. Gwan, di-hwyl, hyblyg (4)
10. Aros ar draed, codi (5)
15. Llid y croen. Aderyn mawr ysglyfaethus, brenin yr adar (4)
16. Hanner dwsin (4)
17. Un o'r esgyrn sy'n ymestyn o'r asgwrn cefn hyd at y frest (4)
18. Gwerthfawr, costus (4)

# 24. CROESAIR HWLFFORDD

*Un llythyren yw dd, ll, ch, ff.*

## AR DRAWS

2. Adeilad lle mae llyfrau i'w benthyca (7)
5. Torth yn siop y pobydd (4)
8. Gwth, gwthiad. Rhowch hwn i'r troli yn yr archfarchnad (3)
10. Lle ar lan afon Cleddau yn Hwlffordd, neu yn neuadd y dref yn Abergwaun i brynu a gwerthu nwyddau (7)
12. 100 – 99 = ? (2)
13. Sylfaen, gwaelod adeilad (4)
14. C i'r Rhufeiniad (4)
15. Y gallu i gadw yn y meddwl, neu i alw'n ôl i'r meddwl. Mae carreg er _ _ _ am William Nichol (merthyr a losgwyd yn Hwlffordd yn y flwyddyn 1558) yn y Stryd Fawr ger Eglwys y Santes Fair (3)
16. Geneth, rhoces (tafodiaith) (4)
17. A oes traeth yn Hwlffordd? (2)
18. Pwll nofio. Twba i eistedd ac ymolchi ynddo (5)
21. Hwlffordd, Penfro, Dinbych-y-pysgod, Trefdraeth. Tref â maer a chorfforaeth iddi (11)

## I LAWR

1. Sŵn mawr yn dilyn mellt. Trwst (5)
3. Efe (2)
4. Pwrpas busnes yw creu hwn. Budd, lles (3)
6. Tesco, Iceland neu Safeway (10)
7. Caer. Adeilad cryf, cadarn, i goncro ac amddiffyn (6)
8. Bwrdeistref ar lannau afon Cleddau. Agorwyd ysgol ddwyieithog yma yn 1995 (7)
9. Ffordd dros afon (4)
10. Gwal, pared. Y Normaniaid gododd hwn i'r castell (3)
11. Gwartheg, buchod. Anifeiliaid i'w gweld mewn marchnad (2)
18. Arwynebol, nid yn ddwfn (fel dŵr), ond llais canu dwfn yn y côr meibion! (3)
19. Yr awyr, paradwys, cartref Duw (3)
20. Datganiad o'r gwir (fel mewn Llys Barn). Adduned (2)

# Atebion y Croeseiriau

## 1. Croesair Ionawr (1)
AR DRAWS
1. BLWYDDYN 5. NEWYDD 6. CALAN 8. LOL
9. ENW 11. ER 12. NOSON 13. SI 14. NAWR
15. CWSG 16. AC 18. LLUN 19. AGOR 21. BAS
I LAWR
1. BLEW 2. YMDDAL 3. IONAWR 4. ALAW
6. CALENNIG 7. RHEW 10. WNIWN 11. EIRA
13. SW 15. CU 17 CÂN 18. LLU 19. A.S. 20. OD

## 2. Croesair Ionawr (2)
AR DRAWS
1. BLWYDDYN 4. MIS 5. CANRIF 7. NEN
9. GLASTWR 12. HEN GALAN 14. MÔR
15. YN 16. ARWR 17. YMENYN 18. ADDO
I LAWR
1. BEUNYDD 2. WYTHNOS 3. NON 4. MAINT
6. ADLONIANT 8. BRÂN 10. SGADAN
11. MÔN 13. ALLWEDD 14. MYRDD

## 3. Croesair Chwefror
AR DRAWS
1. CHWEFROR 4. BACH 6. YMYL 7. IONA/
IOLA 10. OLWYN 11. AER 12. CI 13. CNAWD
16. CAR 17. FFOLANT 18. CRUG
I LAWR
1. CHWYTHU 2. ERYROD 3. OER 4. BLODAU
5. CHWAER 8. DWYNWEN 9 ANNWYL
12. CREFFT 14. BROGA 15. FFALD 16. CARU

## 4. Croesair Mawrth (1)
AR DRAWS
1. GLYN RHOSYN 6. ENW 7. GWELD 9. OER
10. CI 11. DYSGU 13. LLITH 14. LLAIS
16. ERYROD 18. TŶ 19. GWENYN 20. DRWS
22. HUNO 23. DYGNWCH
I LAWR
1. GWAWD 2. NAW 2. OSLO 4. NEF 5. GWAITH
8. DEALL 10. CIST 12. GWRANDO 13. LLI 15.
AREDIG 16. EOG 17. DYN 21. SACH

## 5. Croesair Mawrth (2)
AR DRAWS
1. PREGETHU 3. IAU 5. DEWI 6. PADER 7. CI
10. GARDDWR 12. GEIFR 13. CENNAD
15. LLUN 16. AFON 17. ADDYSG
20. CYCHOD 21. DŴR
I LAWR
1. PADRIG 2. ERW 3. IWERDDON 4. UN
6. PIG 8. AREDIG 9. LLIFIO 11. AWENAU
13. CU 14. LLANC 18. SIW 19. ŶD

## 6. Croesair Mawrth (3)
AR DRAWS
1. GWANWYN 5. AP 7. PASG 8. NANT
10. FFYNNON 12. SANT 14. CAIB 16. PARC
18. CHWYLDRO 20. ÔL 21. FI 23. DATHLU
24. EMYN
I LAWR
1. GRAWYS 2. AMGEN 3. ŴYN 4. NON
6. PANT Y CELYN 9. TRAEAN 11. NEB
13. SYCHED 15. AIL 17. COF 19. DAU 22. IE

## 7. Croesair Ebrill
AR DRAWS
1. GWANWYN 5. HAU 7. ARIAN 8. MORON
10. GARDD 11. HEDDLU 12. RHOI
14. BLAGUR 16. DUR 17. FFA 19. IAWNDAL
22. DAU 23. CAWOD
I LAWR
1. GLÂN 2. ANIFAIL 3. ŴYN 4. NAM
6. AROGLAU 9. OFFER 10. GOBAITH 13. DU
15. GENAU 18. ÔL 20. RHOD 21. LLW

## 8. Croesair Mai
AR DRAWS
1. MAI 3. ADERYN 6. DERWEN 7. AGER
9. BEDWEN 10. LLO 11. HER 12. UNIG
15. BRIG 16. GWADD 17. LLWNC 19. DIDDIG
20. PERTH

1. MADFALL 2. IORWG 3. ATEB 4. YSGAWEN
5. BRÂN 8. TE 9. BROGA 11. HARDD 13.
GWCW 14. OGED 15. BAEDD 18. ŴYR

## 9. Croesair Mehefin (1)

Ar Draws
1,6. ETHOLIAD CYFFREDINOL 5. CI 8. ADDA
9. CORLAN 11. ŴYR 13. STŴR 14. NYTH
16. NANT 18 PÊR 19. DYNES 20. TI
21. RHADLON
I Lawr
1. EFYDD 2. OCHR 3. ILDIO 4. DYNOL
5. CUL 6. CADWYN 7. FFAFR 9. CYNNES
10. ALLT 12. ARWAIN 13. STRYD 15. YNYS
17. AR 18. PEN 20. TO

## 10. Croesair Mehefin (2)

Ar Draws
1. BREUDDWYD 5. AR 6. CYSGU 7. STORI
9. ADAR 10. ABER 11. TAD 12. DYN 15. ABAD
16. TLWS 17. BLINO 19. LLECHEN
I Lawr
1. BWYD 2. ESGID 3. YSTRAD 4. TRI 5. ARFER
8. CRWYDRO 9. ADFAIL 11. TAITH 12. DA
13. ALARCH 14.ESGYN 18. IR

## 11. Croesair Awst

Ar Draws
1. HAMDDEN 4. GŴYL 6. YFED 7. LILI 8. LLO
9. ASYN 12. NA 14. CAM 17. IAS 18. CERDDED
20. GŴR 21. OGOF 22. CHWERW
I Lawr
1. HWYL 2. MORLO 3. NOFIO 4. GWYLAN
5. YMENYN 8. LLAC 10. NAID 11. DRINGO
13. OSGOI 15. ACW 16. MERCH 19. EFFRO
23. WY

## 12. Croesair Medi (1)

Ar Draws
1. MEDI 3. AFALAU 6. ŶD 7. AUR 8. GWYDD
10. CYNHAEAF 12. DOE 15. ACH 16. OESAU
17. LLE 18. DYCHWEL 19. SUDDO 22. NEGES

I Lawr
1. MWYAR DUON 2. IFANC 3. AERON
4. ARGRAFF 5. URDD 9. YMADAEL
11. YMFUDO 13. EOS 14. BACHYN
17. LLESG 20. UN 21. OS

## 13. Croesair Medi (2)

Ar Draws
1. YSGOL 2. MEDI 4. DOSBARTH 5. NAWS
6.PREN 8. LLUGOER 11. MWYAR 12. CAWL
13. SGWÂR 14. PARDDU
I Lawr
1. YMENNYDD 2. MAB 3. DARLLEN
4. DYSGU 6. POEN 7. AFALAU 8. LLAW
9. GWAWR 10. CAWR 11. MWG

## 14. Croesair Hydref (1)

Ar Draws
1. MELYN 3. GLAS 5. MYNYDD 6. NANT
8. HYDD 9. TARW 11. PORFFOR 15. IR
16. MAETH 17. NEUADD 18. US 19. SUDD
I Lawr
1. MAWNOG 2. LAWNT 3. GWYRDD 4. ASYN
7. FFRWYTHAU 8. HOFFI 10. ANADLU
12. OREN 13. ORGAN 14. GWAU

## 15. Croesair Hydref (2)

Ar Draws
1. TERFYSGWYR 5. MAWL 6. GLAW
8. HEDDWCH 10. ARADR 11. CINIO 14. EFA
16. TREF 17. OREN 18. PLU
I Lawr
2. ELWA 3. YMLADD 4. WYLO 5. MASNACH
7. WYTHNOS 8. HYDREF 9. CHWILIO
12. DAIL 13. TRI 15. SÊR

## 16. Croesair Tachwedd (1)

Ar Draws
1. TACHWEDD 4. NIWL 7. SŴN 9. GUTO
FFOWC 11. ERLID 12. NELI 13. DWY 15. TATO
17. UNSWYDD 18. UN 19. CYLLIDEB 20. DU
21. OD 22. BWA

I Lawr
1. TÂN GWYLLT 2. CHWIT-CHWAT
3. ELIFFANT 5. IAS 6. LLYWELYN
8. NODWYDD 10. CRI 13. DŴR 14. WY
16. ASYN 17. UNED 18. UDO 20. DA

## 17. Croesair Tachwedd (2)
Ar Draws
1. GAEAF 3. PUMED 5. YMBIL 6. BRADU
8. CADWYN 10. NOS 12. TANWYDD 15. WYTH
16. FFA 17. DŴR 19. LLYGAD 20. GWELD
I Lawr
1. GWY 2. ENBYD 3. PABI 4. DRUDWY
7. ARSWYD 8. CANNWYLL 9. NOA 11. SYTH
12. TLAWD 13. NWY 14. FFAWD 17. DA 18. LLE

## 18. Croesair Rhagfyr (1)
Ar Draws
2. NADOLIG 7. LLETY 8. SYLLU 9. EANG
10. ŴYN 11. ADDA 12. FFYDD 16. UCHELWYDD
18. AUR 19. SEREN 20. UNO 21. ENW
I Lawr
1. PELLTER 3. ASYN 4. OLEWYDD 5. IESU
6. TRUGAREDD 10. WYAU 13. CELYN
14. PUR 15. CANU 17. YCHEN

## 19. Croesair Rhagfyr (2)
Ar Draws
1. MAIR 4. IESU 6. LLETY 8. DOETH
11. EGLWYS 12. CU 15. SEREN 17. HEROD
19. DA 20. BUGAIL 21. NIWL
I Lawr
2. ANGEL 3. NADOLIG 5. UCHAF 7. YCHEN
9. THUS 10. PRESEB 12. CLOD 13. AROGL
14. CELYN 16. NAI 18. DAIL

## 20. Croesair Rhagfyr (3)
Ar Draws
2. NADOLIG 7. UN 8. LLO 9. AFON 11. UNED
12. LAN 14. CELYN 16. MAIR 17. AUR/THUS
18. DOETHION 19. CNAU 20. ADDOLI
I Lawr
1. BUGAIL 3. ASYN 4. OESOL 5. IESU

6. COEDEN 10. OFN 13. ADDURN
14. CROESO 15. YMGOM

## 21. Croesair Glaniad y Ffrancod
Ar Draws
1. GLANIAD 3. COCH 6. PICFFORCH 9. DA
10. GARW 11. ARWRES 12. UN 13. OD
14. a 20. CARREG WASTAD 15. LLU
17. DRYLL 21. ANGOR
I Lawr
1. GWRAGEDD 2. NAI 4. ÔL 5. BRAW
6. PARROG 7. FFRANCOD 8. CASEG 9. DE
15. LLAW 16. IET 18. LLONG 19. MÔR

## 22. Croesair Canwr Poblogaidd
Ar Draws
1. GWLADGARWR 4. AM 5. FFEFRYN 7. FFA
8. DU 9. HWYL 10. IAITH 12. MACHLUD
14. GWÊN 16. NEWYN 17. CARCHAR
I Lawr
2. DAFYDD IWAN 3. SANTIAGO 5. FFAITH
6. SUL 8. DYLED 9. HAWL 11. AGOR 12. MÊ
13. UNWN 15. UNO

## 23. Croesair Iechyd
Ar Draws
1. YSBYTY 4. CLAF 6. MODDION 8. LLWCH
9. CHWYS 11. PLA 12. TŶ 13. DE 14. DEG
18. DWY 19. YNYSWR 20. DEWR 21. ANADLU
I Lawr
2. BRECHIAD 3. YNO 5. ANNWYD
6. MEDDYG 7. IECHYD 8. LLIPA 10. SEFYLL
15. ERYR 16. CHWECH 17. ASEN 18. DRUD

## 24. Croesair Hwlffordd
Ar Draws
2. LLYFRGELL 5. BARA 8. HWP
10. MARCHNAD 12. UN 13. SAIL 14. CANT
15. COF 16. MERCH 17. NA 18. BADDON
21. BWRDEISTREF
I Lawr
1. TARAN 2. FE 4. ELW 6. ARCHFARCHNAD
7. CASTELL 8. HWLFFORDD 9. PONT
10. MUR 11. DA 18. BAS 19. NEF 20. LLW